AF509786

APERÇU

SUR

LA VILLE DE LYON,

ET

SUR LA SUPPOSITION DU DANGER,

POUR SES FABRIQUES ET POUR SON COMMERCE,

DE LA CRÉATION D'UN ÉTABLISSEMENT MILITAIRE.

Une discussion d'un aussi grand intérêt semblerait demander des connaissances étendues sur les fabriques, sur les relations commerciales de la ville de Lyon, et peut-être aussi sur l'art de la fortification, dans lequel je suis à peine initié.

Quoique ces élémens ne soient pas à ma portée, je hasarderai quelques-unes des idées qui me semblent résulter de cette discussion, où il suffit peut-être de s'entendre pour la ramener à son véritable terme,

Ce que je dois en dire contribuera, sans doute, à dissiper le principe de l'espèce d'inquiétude que peut occasioner dans une ville manufacturière le projet d'en faire un point d'appui, un centre d'opérations militaires, une place inexpugnable en cas de guerre.

Si telle était la pensée du Gouvernement, on pourrait se borner à répondre que, dans l'intérêt de l'État, toutes les villes du royaume sont assujetties à une loi commune ; que celles qui, comme la ville de Lyon, par le génie de leurs habitans, par leur grande population, par leur rapprochement de la frontière, par les avantages de leur position physique, considérée militairement, sont dans l'intérêt commun, spécialement en cas de guerre, doivent être mises à l'abri des tentatives de l'armée la plus entreprenante.

Dans l'état présent, les avantages naturels de la ville de Lyon , à raison des hauteurs qui la commandent et du Rhône qui la protége , ce qui fait enfin sa force et où l'art n'est pas intervenu, sont encore insuffisans pour la protection de la ville contre une armée envahissante et favorisée par la fortune ; car , en cas de désastres , qui pourrait empêcher l'occupation des hauteurs de Ste-Foy, de Fourvières et de la Croix-Rousse d'où l'on peut à la fois battre la ville , le cours des deux fleuves et commander tous les alentours ?

Ainsi , loin de se livrer à une confiance qui peut laisser la possibilité de chances aussi funestes , acceptons les moyens protecteurs de l'art , dans l'intérêt de la population lyonnaise , dans celui des mœurs qui se corrompent au sein de la guerre , dans l'intérêt de l'industrie, qui ne s'exerce utilement et ne se propage que sous l'égide de la paix ; éloignons, s'il est possible, la guerre à jamais ; du moins , n'oublions pas que , si les armées ont appris le chemin de la capitale , elles doivent l'oublier , et qu'enfin la guerre doit devenir assez difficile pour que les chances de succès soient hors du cercle des probabilités.

C'est dans cette vue que j'admettrais le principe de la défense des villes par des fortifications , ou par des ouvrages détachés , faciles à défendre , et sans en excepter les capitales.

Dans les idées reçues , cette proposition pourra sembler paradoxale ; car on n'admet pas la possibilité de pourvoir , devant l'ennemi , aux approvisionnemens d'une grande population.

Sans répondre à cette objection, qui peut paraître spécieuse , je demanderai si l'on peut mieux concevoir la possibilité de faire camper une armée , sans se compromettre , devant une immense population , et comment on concevrait aussi une circonvallation de plusieurs lieues de tour.

Mais cette remarque est en quelque sorte hors de mon sujet ; pour être appréciée, elle aurait besoin de développemens auxquels je ne puis me livrer. Ce qu'il est important de reconnaître, c'est que des fortifications sont essentiellement protectrices, et que cette pensée doit être celle du Gouvernement ; que des ouvrages détachés, ou des lignes de défense, loin de nuire à l'industrie et au commerce, doivent au contraire, en protégeant dans l'avenir toutes les classes de citoyens, faire naître une sécurité inaltérable, qu'on ne saurait conserver en cas de guerre dans la situation actuelle des choses, à moins d'une armée sur les hauteurs ou en avant de Lyon ; autrement cette situation serait un appât pour l'ennemi qui saisirait les premiers moyens de s'y établir, soit par une suite de manœuvres, soit par une opération hardie.

Une garnison de quelques milliers

d'hommes ne serait donc pas une protection suffisante ; car , si la valeur de ses habitans lui a servi de fortifications , durant un siége déplorable , elle ne doit pas se faire illusion sur les opérations de l'assiégeant : la défense valait mieux que l'attaque ; tandis que dans un siége , conduit avec les moyens , et selon les règles de l'art , c'est presque toujours le contraire.

On ne saurait s'appuyer avec plus de raison de la défense de Sarragosse par les Espagnols : le désespoir est une arme funeste qui fait de part et d'autre de profondes blessures et dont la cicatrice est souvent ineffaçable.

On ne saurait admettre davantage la supposition d'une défaite sans résistance pour prévenir les désastres d'un siége. Pourrait - on concevoir sans dégoût la pensée de laisser entrer en vainqueur et sans coup férir , un ennemi dont l'insolence serait accrue de toute la faiblesse des habitans d'une grande ville et de l'humiliation qu'ils auraient encouru ; dont l'arrogance deviendrait bientôt insupportable , dont l'audace extrême regarderait comme acquis les biens et les personnes. Le soldat n'a jamais d'égard que pour le vaincu dont la fortune a pu tromper la valeur.

Ce qui s'applique à l'homme en particulier s'applique encore plus aux masses. Il n'est d'existence honorable pour une ville située près de la frontière , que dans l'énergie de ses habitans , que dans un système de fortification propre à maintenir cette énergie et le calme qui en fait le mérite en présence de l'ennemi , quelques puissent être son habileté, son audace , ou même ses succès.

Lyon, plus qu'aucune place frontière , est dans le cas de donner l'exemple de ces vertus civiques qui attirent le respect en éloignant la guerre. Mais ce n'est point assez pour un Gouvernement sage : il doit tout prévoir ; il doit protection aux biens , aux familles , à l'État.

Pendant la guerre les fortunes sont renversées ; l'industrie peut fuir le sol où elle portait le bonheur et la vie ; la guerre jette la désolation dans les familles , opprime la vertu , compromet l'honneur ; la guerre enfin dénature certaines ames : elle dégrade et désespère le reste. Il faut donc la prévenir par tous les moyens de l'art , ou du moins en écarter les plus funestes conséquences.

C'est lorsque la paix favorise toutes les entreprises qu'on doit méditer et prévoir tous les événemens de la guerre, en calculer les dangers , les jeter au-devant de l'ennemi : se rendre redoutable , c'est l'éloigner.

Ainsi, quelques soient les vues du Gouvernement et l'étendue de ses plans sur la ville de Lyon pour en faire une place de guerre, on ne saurait en concevoir d'alarmes. Il est constant que l'opulence de cette cité, que les positions militaires qui en sont les approches, pouvant fixer l'attention d'une armée poussée sur son territoire, elle serait exposée à toutes les chances d'une occupation, qui, quelque peu durable qu'elle soit, n'en serait pas moins funeste. Etant fortifiée, elle présenterait une protection puissante aux provinces du Midi, un centre d'opération aux armées de l'intérieur, enfin une retraite assurée en cas de défaite.

D'aussi importans avantages sont bien plus propres à maintenir et accroître dans Lyon une population laborieuse et toutes les richesses, qu'à troubler le marchand dans son comptoir et le fabricant au milieu de ses ateliers.

Eloignons donc ces préjugés locaux qui étouffent les sentimens généreux, qui voilent à nos yeux les grandes choses : les temps passés ne sont plus, ni pour la guerre, ni pour quelques sciences, une autorité pour l'avenir.

Loin de repousser la pensée du Gouvernement de fixer le sort de la ville, en le rattachant à la sûreté de l'État, ne voyons dans cette pensée qu'une prudente prévoyance et un gage de sa sollicitude.

Il me resterait donc à examiner comment, au milieu d'innombrables propriétés privées, au milieu d'une cité très-populeuse, le génie militaire devrait suivre le cours de ses opérations pour ne pas froisser tant d'intérêts divers, et comment l'administration municipale parviendrait à les protéger utilement, c'est-à-dire, sans nuire au tracé ou au développement des défenses de la place. Mais, ne pouvant m'étendre sur ce point, je ferai remarquer seulement qu'à cet égard son autorité n'est pas déclinable ; mais que le mode de l'appliquer aux cas nombreux qui se présenteraient, ne me semble pas appuyé de nombreux précédens.

La force agit toujours plus puissamment là où elle abonde, car l'impérieuse question de sûreté de l'État ne permet qu'avec réserve l'examen de la modeste question de *commodo* ou d'*incommodo*.

Dans une telle circonstance, comme dans beaucoup d'autres, on peut regretter que les autorités civiles et militaires ne puissent consulter un conseil où les ingénieurs militaires, ceux des ponts et chaussées, et les architectes des bâtimens civils, seraient appelés à se communiquer les divers projets qui ressortent des trois divisions naturelles des travaux publics, et qui peuvent respectivement être subordonnés les uns aux autres. L'intérêt public tirerait beaucoup de fruit d'un rapprochement qui n'aurait rien de nouveau, car, dans des temps peu reculés, les travaux publics, sans distinction de genres, étaient confiés aux mêmes ingénieurs.

Mais laissons à l'autorité le soin de rapprocher des élémens divisés, qui pourraient être réunis à un centre commun, et, avant de conclure, hasardons encore une proposition qui n'est pas plus une nouveauté que ce qui précède.

Le Gouvernement est souvent dans la nécessité d'ajourner l'exécution des grands projets qu'il a conçus, à raison des dépenses que le prix de la main-d'œuvre accroît dans une proportion dont on ne voit point le terme : les grandes entreprises deviennent donc hasardeuses et rares.

Les Egyptiens et les Romains ont laissé des monumens de leur grandeur et de leur puissance, qui sont attestés par les historiens, et dont il reste encore d'imposans débris. Les premiers trouvaient dans la soumission et dans la sobriété des peuples des ressources immenses ; les seconds faisaient élever par leurs esclaves des monumens où se trouvaient réunies la grandeur et la majesté.

Des bras dégagés d'entraves peuvent-ils donc moins, au milieu de la nation la plus industrieuse, que dans l'anti-

quité , cette multitude , à moitié bar-
bare , sous des maîtres impérieux ?

C'est à l'armée qui , en temps de
guerre , ouvre les tranchées , et qui
fait tous les ouvrages de fortification pas-
sagère , qu'on doit en appeler pour exé-
cuter en temps de paix les constructions
permanentes : son engagement est le
même dans l'une ou l'autre position ,
ses bras et sa vie appartiennent à l'État.
Cette activité des travaux publics remé-
dierait à l'inertie des garnisons , qui
énerve les facultés du soldat , qui peut
le livrer à la débauche et au désœu-
vrement , et le laisse souvent à la fin de
son service inhabile à remplir aucun des
devoirs de la société dans laquelle il
rentre et où il peut devenir un sujet
de trouble et d'inquiétude pour les familles.

C'est l'armée , cette grande collection
d'individus , qui peut créer , comme par
enchantement, ces grands monumens d'u-
tilité publique , ces boulevards des États

qui ajoutent à leur puissance et qui en rendent l'envahissement si périlleux. Les canaux de grande navigation lui seraient également confiés : ainsi les soldats français passeraient alternativement des travaux de la paix aux fatigues de la guerre, où ils porteraient une vigueur, une activité et une industrie éprouvées, qui ne sauraient devenir étrangères au succès dûs à la gloire militaire.

La volonté Royale suffit.

Bientôt, d'une armée inactive naîtrait une puissance créatrice, un principe d'ordre, d'économie et d'émulation ; rentrés dans leurs foyers, les soldats y porteraient des industries nouvelles et l'habitude du travail. Que de bienfaits ! au lieu de la langueur des garnisons.

Dans une telle situation, comment pourrait-on craindre et les fortifications et les gardes avancées de la grande famille des Français, commises à leur conservation et à leur défense ?

En particulier, la ville de Lyon étendrait autour d'elle une protection utile à la prospérité des campagnes ; c'est dans son sein que le courage d'une armée, s'il était trompé par la fortune, viendrait reprendre une nouvelle vigueur ; c'est dans son sein que des citoyens, troublés dans leurs champs par la présence de l'ennemi, viendraient de même y trouver la sécurité.

Ainsi, au lieu de se livrer à des craintes peu fondées sur les dangers pour l'industrie et le commerce de la ville de Lyon, que pourrait occasioner le projet qu'on suppose au Gouvernement de créer une place d'armes dans ses murs, je pense qu'on ne doit y voir que l'effet d'une protection nécessaire et un gage de paix pour l'avenir.

LYON, IMPRIMERIE DE J. M. BARRET.